CCSS Lectura / Artes del lenguaje

Autores

Jana Echevarria Gilberto D. Soto

Teresa Mlawer Josefina V. Tinajero

Bothell, WA • Chicago, IL • Columbus, OH • New York, NY

Cover and Title pages: Nathan Love

www.mheonline.com/lecturamaravillas

Copyright © 2014 McGraw-Hill Education

All rights reserved. No part of this publication may be reproduced or distributed in any form or by any means, or stored in a database or retrieval system, without the prior written consent of McGraw-Hill Education, including, but not limited to, network storage or transmission, or broadcast for distance learning.

Send all inquiries to:
McGraw-Hill Education
Two Penn Plaza
New York, New York 10121

ISBN: 978-0-02-125751-5
MHID: 0-02-125751-5

Printed in the United States of America.

1 2 3 4 5 6 7 8 9 RJE 18 17 16 15 14 13

Unidad 1 — Da un paso adelante

La gran idea: ¿Qué aprendemos si intentamos nuevas cosas?

Semana 1 • Hacer nuevos amigos ... 4

- **Fonética:** Sonido m ... 6
- **Palabras para aprender:** la ... 7
- **Yo amo** Ficción ... 8
- **La mamá** Ficción ... 14
- De lectores a escritores ... 20

Semana 2 • ¡Levántate y camina! ... 22

- **Fonética:** Sonido p ... 24
- **Palabras para aprender:** veo ... 25
- **Yo soy...** Fantasía ... 26
- **Pumi** Fantasía ... 32
- De lectores a escritores ... 38

Semana 3 • Usa tus sentidos ... 40

- **Fonética:** Sonido t ... 42
- **Palabras para aprender:** el ... 43
- **El té** Fantasía ... 44
- **Soy... ¡mi papá!** Ficción ... 50
- De lectores a escritores ... 56

¡Conéctate! www.connected.mcgraw-hill.com

Concepto semanal Hacer nuevos amigos

¿? Pregunta esencial
¿Cómo llevarse bien con los amigos nuevos?

 ¡Conéctate!

Ven a jugar

Coméntalo

¿Qué hacen estos niños para llevarse bien?

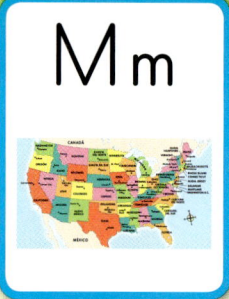

Di el nombre de los dibujos.

Lee las sílabas.

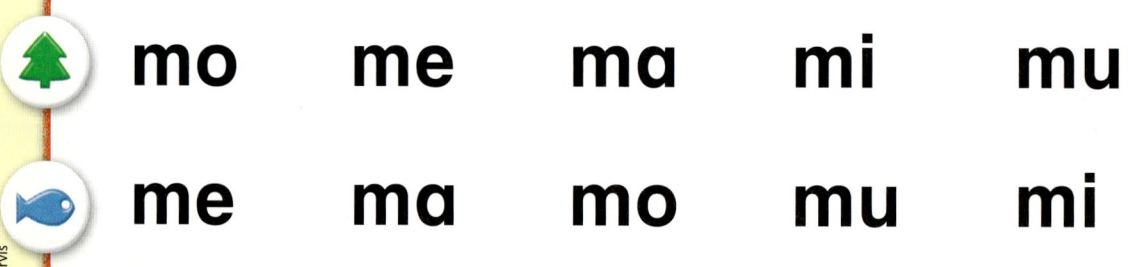

Palabras para aprender

Leer juntos

la

Memo me pasa **la** canica.

Jugamos con **la** arena.

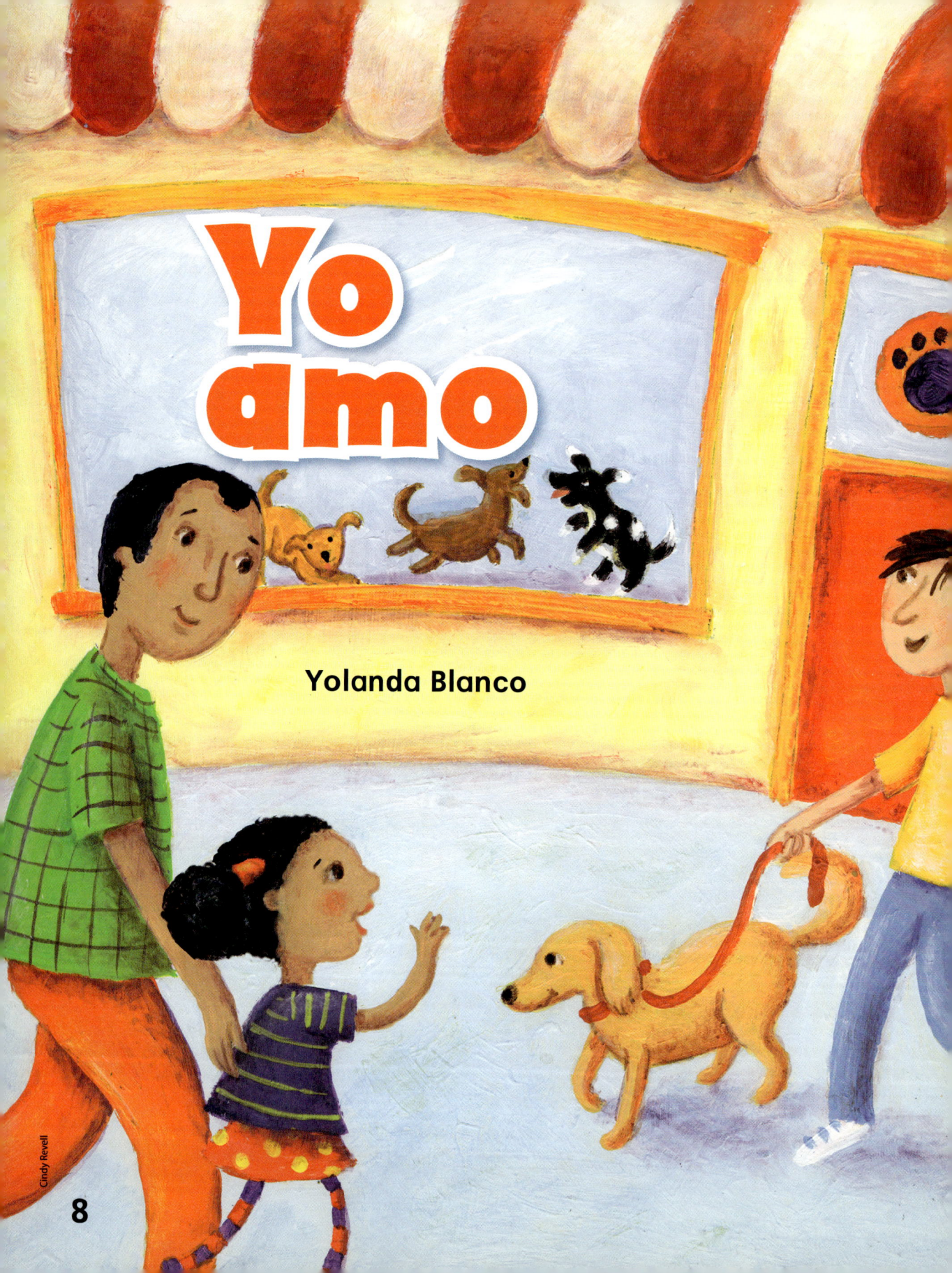

Yo amo

Yolanda Blanco

Yo amo a Mumu.

Mimo a **la** 🐱 .
gatita

Yo amo a Mimi.

¿Mimo a Mimi?

La mamá

Claudio Barriga

Yo 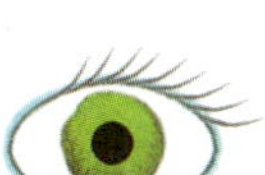 👁 la 🧍‍♀️. 
veo   muñeca

Yo mimo a mi .

muñeca

Memo ama la .
moto

Mamá ama a Ema.

Mamá ama a Memo.

De lectores a escritores

Ideas

Mira la oración que escribió Jorge. La oración dice las cosas que Jorge comparte con Ana.

Ejemplo de Jorge

Yo comparto el camión azul.

camión

Leer juntos

Mira la oración que escribió María. La oración dice las cosas que María comparte.

Ejemplo de María

Yo comparto la pelota.

pelota

Concepto semanal ¡Levántate y camina!

¿? Pregunta esencial
¿Cómo se mueven los bebés de los animales?

¡Conéctate!

En movimiento

Coméntalo

¿Cómo se mueven los pingüinos?

 **Fonética**

Di el nombre de los dibujos.

Lee las sílabas.

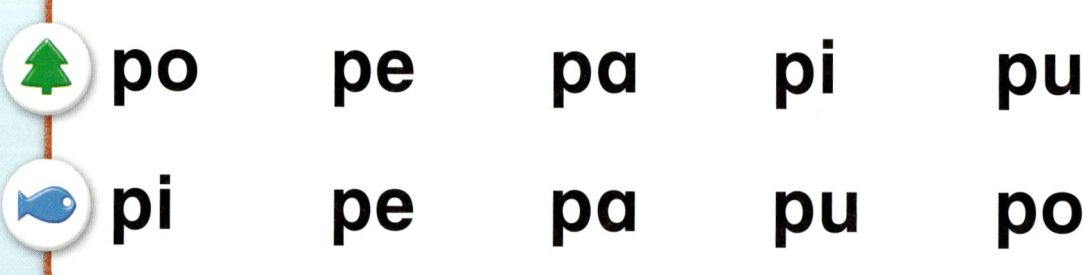

po   pe   pa   pi   pu

pi   pe   pa   pu   po

Palabras para aprender

Leer juntos

veo

Veo un puma que corre.

Veo un perro que salta.

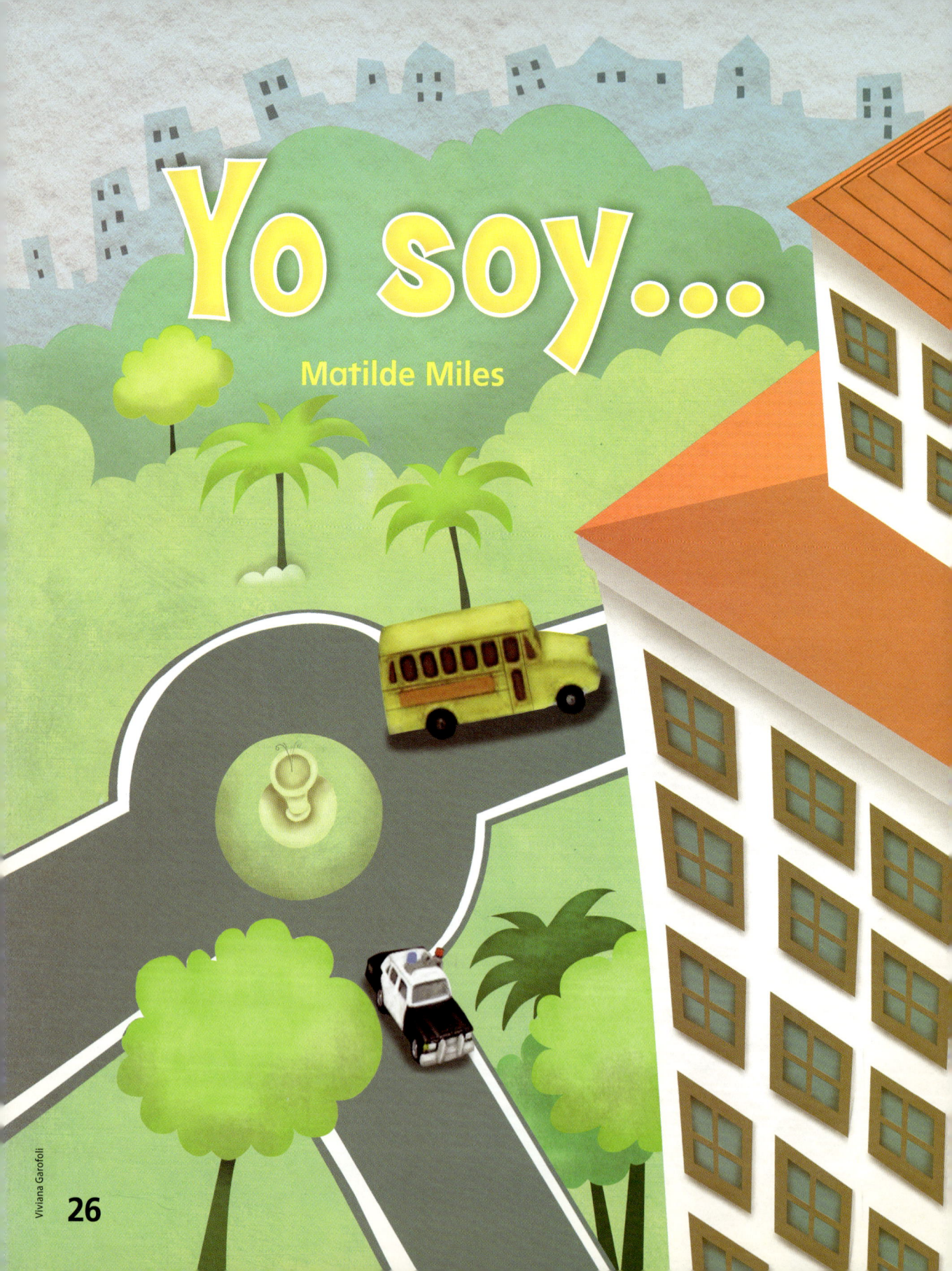
Yo soy...
Matilde Miles

Veo a mamá.

Veo a papá.

Yo soy la 🕊 Pepa.

paloma

¡Puedo !

volar

Pumi

Mari Robles

Yo soy Pumi.

Puedo .

saltar

Veo a Pame.

Puedo correr.

¡Amo !
jugar

De lectores a escritores

Ideas

Mira la oración que escribió Pablo. En su oración dice cómo se siente.

Ejemplo de Pablo

Yo amo a mi conejo.

conejo

Leer juntos

Mira la oración que escribió Paola.
En su oración dice cómo se siente.

Ejemplo de Paola

Amo a mi perrito.

perrito

39

Concepto semanal Usa tus sentidos

Pregunta esencial
¿Qué aprendes por medio de los sentidos?

¡Conéctate!

Mis cinco sentidos

Coméntalo
¿Qué sentido está usando la niña?

Fonética

Di el nombre de los dibujos.

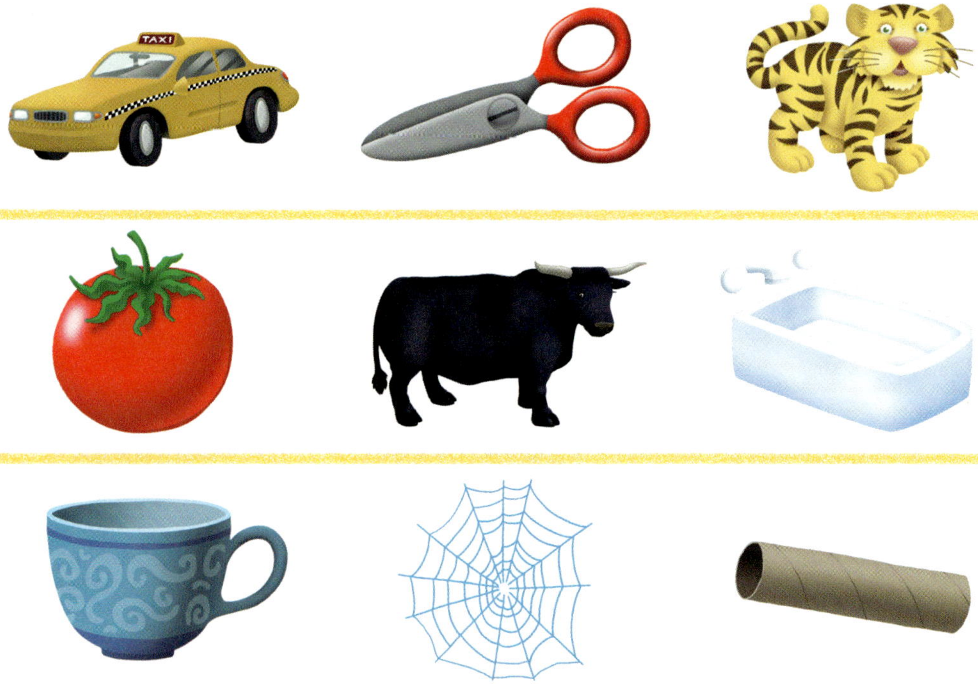

Lee las palabras. ¿Qué sílabas tienen?

mapita   pumita

Palabras para aprender

Leer juntos

el

El gato Tito me mira.

Tati oye **el** piano.

El té

Matías Gómez

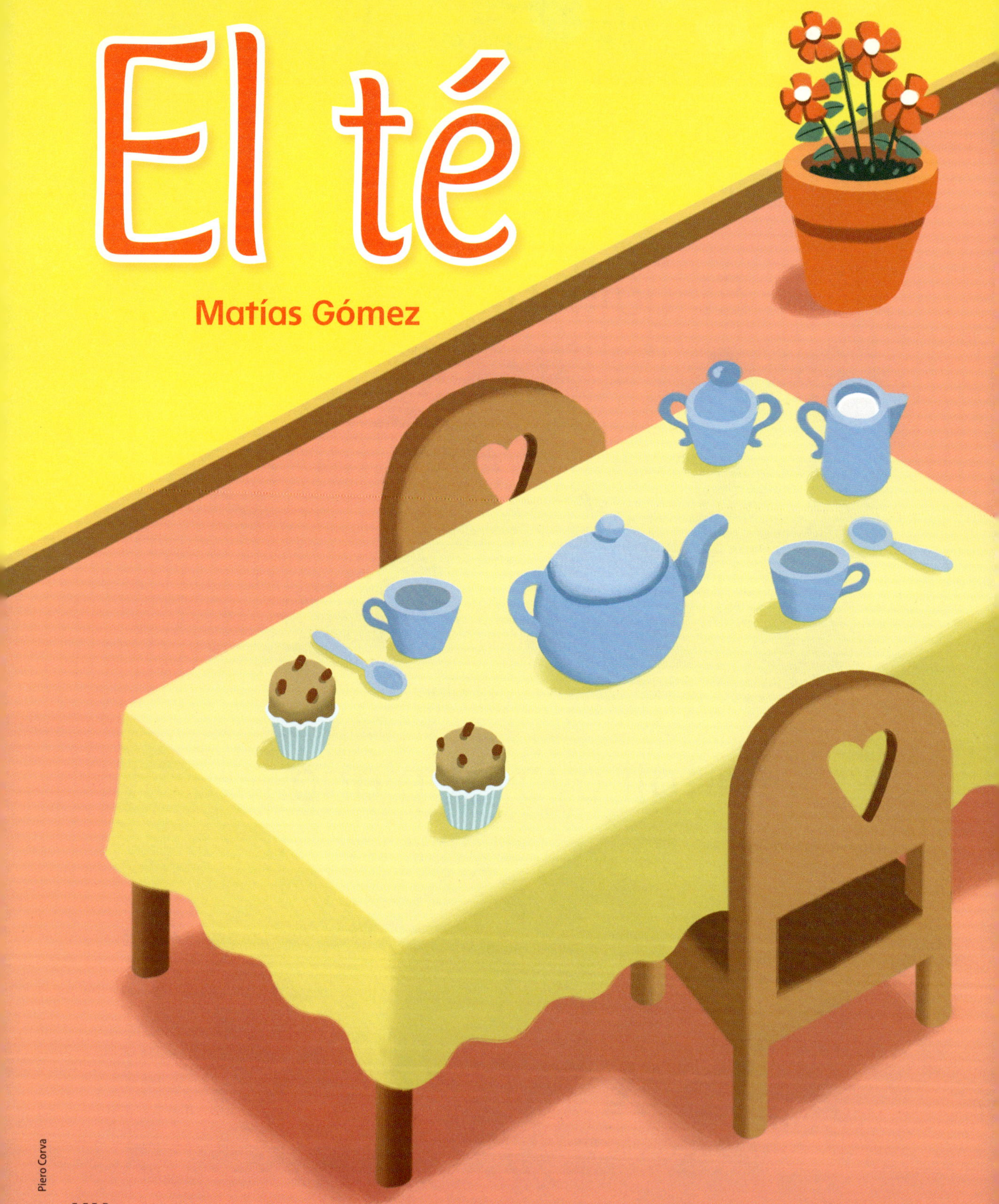

Soy la pata Teté.

Veo a Mati.

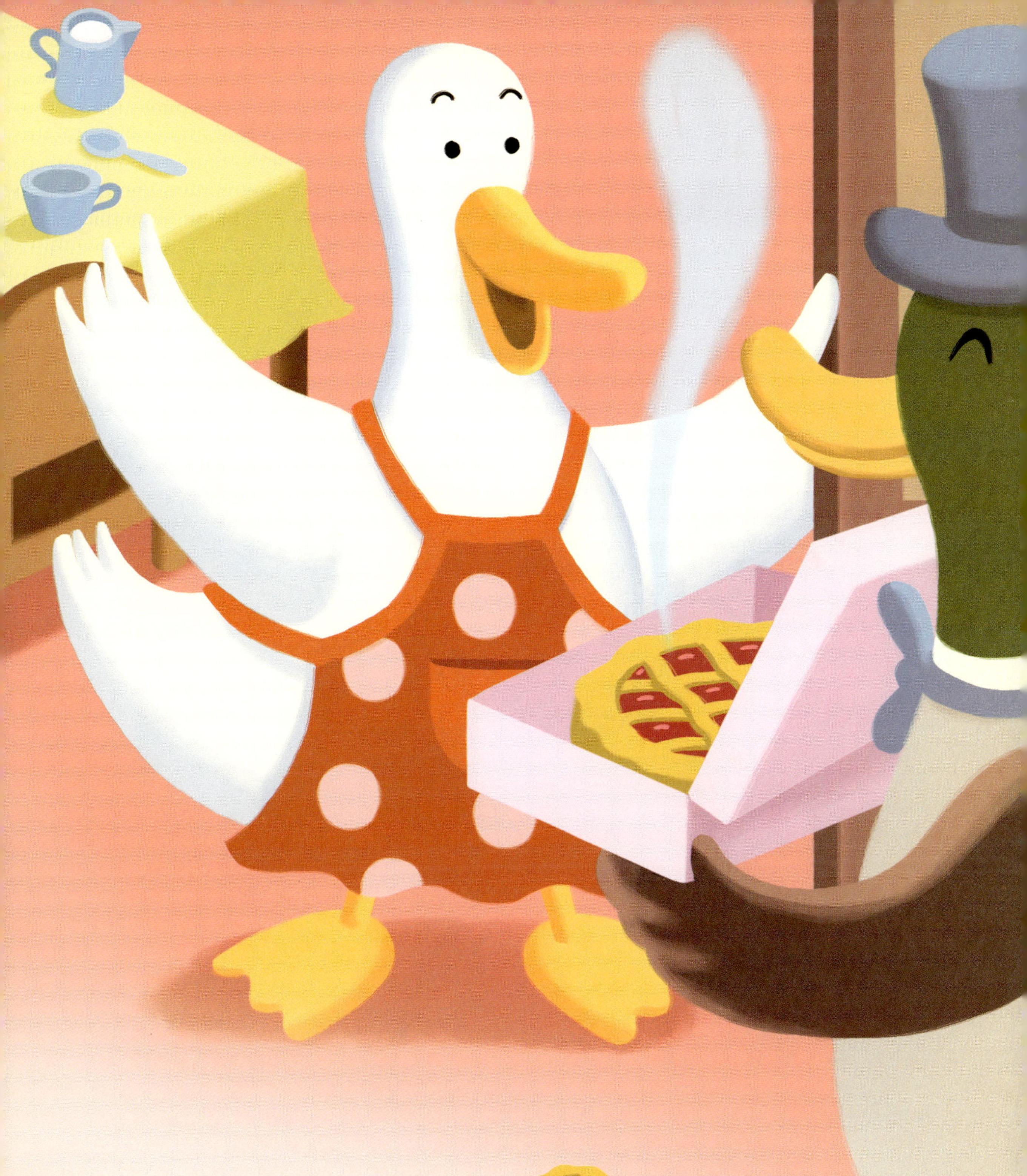

¡Toma **el** 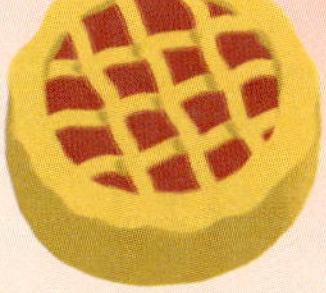 , Tеté!

pastel

Toma tu , Mati.

taza

¡Amo tu té!

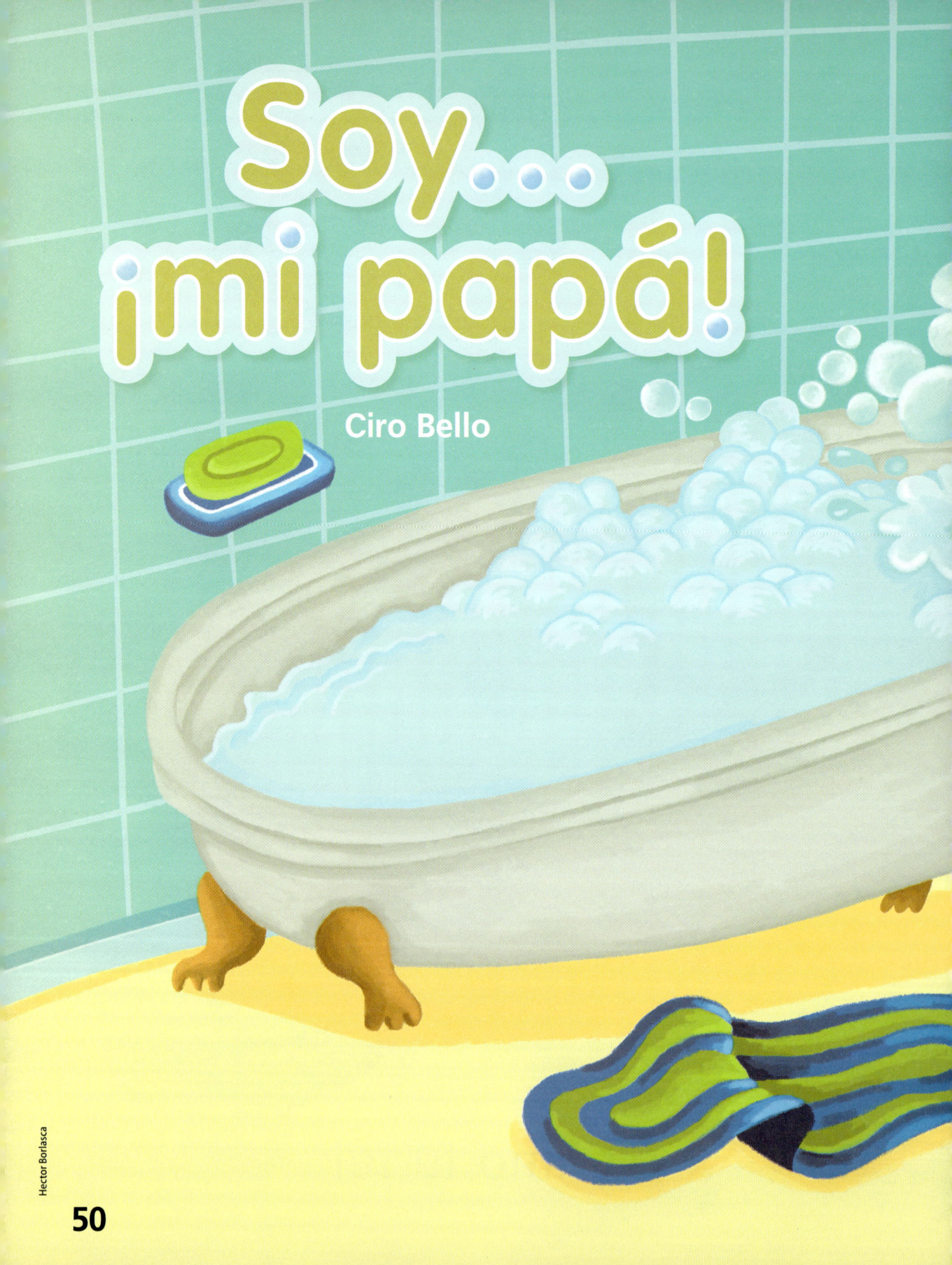

Veo mi patito.

Meto mi ⚽.

pelota

Tomo **el** .

jabón

Soy... ¡mi papá!

De lectores a escritores

Leer juntos

Ideas

Mira la red de dibujos que hizo Daniel. En su red muestra cómo usa los sentidos para contar lo que hay en el parque.

Ejemplo de Daniel